中国城市轨道交通协会职业技能标准

城市轨道交通线路工

中国城市轨道交通协会　发布

图书在版编目(CIP)数据

城市轨道交通线路工/中国城市轨道交通协会编制.—北京:中国铁道出版社,2018.1
(中国城市轨道交通协会职业技能标准)
ISBN 978-7-113-23710-3

Ⅰ.①城… Ⅱ.①中… Ⅲ.①城市铁路-铁路线路-职业培训-教材 Ⅳ.①U239.5

中国版本图书馆CIP数据核字(2017)第206714号

书　　名: 中国城市轨道交通协会职业技能标准
城市轨道交通线路工
作　　者: 中国城市轨道交通协会

责任编辑: 徐　艳　　**协会电话:** 010-51289099-823
封面设计: 王镜夷
责任校对: 孙　玫
责任印制: 高春晓

出版发行: 中国铁道出版社(100054,北京市西城区右安门西街8号)
网　　址: http://www.tdpress.com
印　　刷: 北京铭成印刷有限公司
版　　次: 2018年1月第1版　2018年1月第1次印刷
开　　本: 850 mm×1 168 mm　1/32　印张:2.5　字数:45千
书　　号: ISBN 978-7-113-23710-3
定　　价: 20.00元

关于颁发《城市轨道交通信号工》等第一批8个工种职业技能标准的通知

各有关单位：

为满足城轨交通企业生产经营、人力资源管理，满足城轨交通职业教育培训和职业技能鉴定需要，协会根据国家发改委、教育部、人社部《关于加强城市轨道交通人才建设的指导意见》（发改基础〔2017〕74号）精神，依据《中华人民共和国职业分类大典（2015年版）》、《国家职业技能标准编制规程》的有关规定，结合我国城轨交通实际，组织编制了《城市轨道交通信号工》等第一批8个工种的职业技能标准，业已审定，现颁发试行。试行过程中，将根据实际需要及时进行修订。

《城市轨道交通信号工》等第一批8个工种职业技能标准目录见附件。

中国城市轨道交通协会

二〇一七年十月二十日

附件：

工种目录

1. 城市轨道交通信号工
2. 城市轨道交通线路工
3. 城市轨道交通接触网(轨)检修工
4. 城市轨道交通变电检修工
5. 城市轨道交通列车司机
6. 城市轨道交通列车检修工
7. 城市轨道交通服务员
8. 城市轨道交通自动售检票检修工

《中国城市轨道交通协会职业技能标准》编写委员会

主　　任：包叙定

副 主 任：周晓勤　宋敏华　安小芬　谢正光
俞光耀　丁建隆　王　峙　林茂德
余黎康

委　　员：杜晓红　王春玲　丁小学　汪　杨
曾　良　姚汝龙

编写单位：上海申通地铁集团有限公司
北京市地铁运营有限公司
广州地铁集团有限公司
重庆市轨道交通（集团）有限公司
深圳市地铁集团有限公司
中国城市轨道交通协会现代有轨电车分会

《中国城市轨道交通协会职业技能标准》编制说明

为适应我国城轨交通快速发展形势下企业生产经营、人力资源管理的迫切需求，满足城轨交通职业教育培训和职业技能鉴定等需要，中国城市轨道交通协会在国家发展改革委、交通运输部、住建部、人力资源和社会保障部等政府部门的支持和指导下，组织编制了行业急需的《城市轨道交通信号工》等 8 个工种的职业技能标准为第一批发布。

一、指导思想

依据《中华人民共和国职业分类大典》，在已有国家和行业标准的基础上，从满足急需、填补空白、细化需求出发，按照《国家职业技能标准编制规程》的要求，补充完善行业职业技能标准体系，指导企业建立健全有关规制，为制定年度行业人才培养指南、开展技能水平评价等工作提供支撑。

二、编制原则

1. 科学适用原则。标准体现了城轨交通从业人员的理论知识和操作技能的要求，科学合理，既考虑行业现状，又兼顾技术发展。

2. 可操作性原则。标准着眼于城轨交通行业未来发展，考虑国家、行业、企业的实际情况，既覆盖地铁、轻轨等传统制式，又包含了快速发展的跨座式单轨和有轨电车；既突出该职业当前主流技术、技能的要求，又兼顾不同城市和企业间可能存在的差异，从城轨交通网络化模式下的工种通用性出发，采取大工种的概念，将各家参编单位行之有效的共性标准吸收进来，并关注新运营企业的实际需求，适度超前指导，内容具体，可度量、可检验，便于实施，易于理解。

3. 标准化原则。各项标准文体与术语符合国家最新技术标准，内容结构、表述方法符合《国家职业技能标准编制规程》的要求。

三、编制过程

标准研究与编写工作历时两年，经过启动阶段、初稿阶段、征求意见稿阶段、送审稿阶段以及终审、复核等环节。征求意见阶段，多方听取意见建议，几上几下反复修改完善，得到了主要牵头单位和参与单位的大力支持，直接和间接参与研究编写的专家团队超过百余人。

四、结构与主要内容

标准包括：职业概况、基本要求、工作要求和比重表四部分。

1. 职业概况：职业名称、职业定义、职业等级、职业环境条件、职业能力特征、基本文化程度、培训要求、技能鉴定要求等项内容。

2. 基本要求：职业道德和基础知识两部分内容。

3. 工作要求：职业功能、工作内容、技能要求、相关知识要求四项内容。

4. 比重表：理论知识和操作技能两部分内容。

五、本标准有关说明

1.《城市轨道交通线路工》在编制中难免有疏漏之处，望各有关单位随时将执行中的有关问题与协会相关部门沟通。

2.《城市轨道交通线路工》由中国城市轨道交通协会负责解释，并自2017年10月20日起执行。

3.《城市轨道交通线路工》主要编写人员：王春玲、常素良、闫玉东、邹策、闫卫超、叶利宾。其中，跨座式单轨部分：林莉、张雁珍、陈晓继、周卫、周巍、杨富强、蒋顺健、周华顺。有轨电车部分：韩建良、邱慧玉、姚汝龙、李春杰、陈先伟、李京增、季峥涛、石艺玮。

目　录

城市轨道交通线路工职业技能标准

1 职业概况

1.1 职业名称

城市轨道交通线路工。

1.2 职业定义

从事轨道交通线路设施施工、大修、维修及巡检的人员。

1.3 职业等级

本职业共设五个等级，分别为：初级（五级）、中级（四级）、高级（三级）、技师（二级）、高级技师（一级）。

1.4 职业环境条件

室内、外，常温。

1.5 职业能力特征

有获取、领会和理解外界信息的能力，有语言表达及对事物分析和判断的能力；手指、手臂灵活，动作协调性好；有空间想象及一般计算能力；心理及身体素质较好，无职业禁忌症；听力及辨色力正常，双眼矫正视力不低于5.0。

1.6 基本文化程度

高中毕业（或同等学历）

1.7 培训要求

1.7.1 培训期限

全日制职业学校教育，根据其培养目标和教学计划确定。晋级培训期限：初级不少于200标准学时；中级不少于300标准学时；高级不少于400标准学时。

1.7.2 培训教师

培训初、中、高级的教师应具有本职业技师及以上职业资格证书或相关专业中级及以上专业技术职务任职资格；培训技师的教师应具有本职业高级技师职业资格证书或相关专业的高级专业技术职务任职资格；培训高级技师的教师应具有本职业高级技师职业资格证书2年及以上或本专业的高级专业技术职务任职资格2年及以上。

1.7.3 培训场地设备

满足教学需要的标准教室、技能培训基地、演练场或作业现场，有技能培训必要的设备、工具、备品等。理论培训场地应配备投影仪、播放设备。实际操作培训场、演练场或作业现场所应能满足培训要求的场地，且具有相应的设备、工具、备品，通风条件良好，光线充足，安全设施完善。

1.8 鉴定要求

1.8.1 适用对象

从事或准备从事本职业的人员。

1.8.2 申报条件

——初级(五级)

取得中等职业教育毕业证书。

——中级(四级)

在本企业从事本职业工作,并具备以下条件之一者:

(1)取得本职业初级(五级)职业资格证书1年及以上;

(2)取得高等职业教育毕业证书;

(3)具有高中及以上文化程度,且连续从事本职业工作2年及以上;

(4)取得相关职业(工种)中级(四级)职业资格证书,且连续从事本职业工作1年及以上。

——高级(三级)

在本企业从事本职业工作,并具备以下条件之一者:

(1)取得本职业中级(四级)职业资格证书2年及以上;

(2)取得高等教育毕业证书;

(3)取得高等职业教育毕业证书,且连续从事本职业工作3年及以上;

(4)取得相关职业(工种)高级(三级)职业资格证书2

年及以上，且连续从事本职业工作3年及以上。

——技师（二级）

（1）具有中等职业教育或高中以上学历，在本企业从事本职业工作，且取得本职业高级（三级）职业资格证书3年及以上；

（2）具有中等职业教育或高中以上学历，长期从事本职业工作，技术领先，具有突出的工作业绩，符合试点企业的破格申报条件，经本人申请、单位推荐，公示通过后，可破格申报技师（二级）。

——高级技师（一级）

（1）具有中等职业教育或高中及以上学历，在本企业从事本职业工作，且取得本职业技师（二级）职业资格证书4年及以上；

（2）具有中等职业教育或高中及以上学历，长期从事本职业工作，技术领先，具有突出的工作业绩，符合试点企业的破格申报条件，经本人申请、单位推荐，公示通过后，可破格申报高级技师（一级）。

1.8.3 鉴定方式

分为理论知识考试和技能操作考核。理论知识考试采用闭卷笔试方式，技能操作考核采用现场实际操作、模拟操作、口试和答辩等方式。理论知识考试和技能操作考核均实行百分制，成绩皆达60分及以上者为合格。技师、高级技师还须进行综合评审。

1.8.4 考评人员与考生配比

理论知识考试考评人员与考生配比1∶10，每个标准教室不少于2名考评人员；技能操作考核考评员与考生的配比为1∶5(以上)，且不少于3名考评员。综合评审委员为不少于3人的单数。

1.8.5 鉴定时间

理论知识考试时间不少于60 min，技能操作考核时间不少于60 min(等级和项目不同则时间不同)。

1.8.6 鉴定场所设备

理论知识考试在标准教室进行。技能操作考核在职业技能鉴定基地、演练场或作业现场进行，场地条件及工具、量具、仪表、仪器等应满足实际操作需求，并符合环境保护、劳保、安全等各项要求，可酌情配设辅助操作人员。

2　基本要求

2.1　职业道德

2.1.1 职业道德基本知识

2.1.2 职业守则

(1)遵守法律、法规及各项规章制度等有关规定

(2)爱岗敬业,具有高度的使命感及责任心

(3)钻研业务,开拓创新,努力提高技术文化素质

(4)工作认真负责,具有良好的团队合作精神

(5)严格执行工作程序、工作规范、工作标准和安全操作规程

(6)安全生产,精检细修

(7)爱护设备及工具、仪器、仪表

(8)保持工作环境清洁有序,文明生产

2.2　基础知识

2.2.1 基本知识

(1)制图基本知识

(2)测量基本知识

(3)机械基本知识

(4)直、交流电基本知识

(5)计算机基本操作知识
(6)轨道基本知识
(7)轨道工务、线路基础知识
(8)桥隧、路基基本知识
(9)安全防护基本知识
(10)接触网(轨)、轨道电路基本常识
(11)行车调度基本知识

2.2.2 设备、工具的使用与维护知识

(1)轨道小车的使用和保养知识
(2)常用养路机械的性能和使用、维护、保养知识
(3)道尺、支距尺的使用和保养知识
(4)起道、拨道、改道、捣固常用工具的使用和保养知识
(5)螺栓涂油、撤垫垫片常用工具的使用和保养知识
(6)轨缝调整器等液压机具的使用和保养知识
(7)轨道工务、线路基本知识

2.2.3 相关法律、法规和规章知识

(1)《中华人民共和国环境保护法》相关知识
(2)《中华人民共和国劳动法》相关知识
(3)《中华人民共和国安全生产法》相关知识
(4)《中华人民共和国职业病防治法》相关知识
(5)《中华人民共和国交通法》相关知识
(6)《中华人民共和国消防法》相关知识
(7)《地铁设计规范》相关知识
(8)《城市轨道交通试运营基本条件》相关知识
(9)《城市轨道交通运营管理规范》相关知识
(10)其他与本职业相关法律、法规和规章知识

3　工作要求

本标准对初级（五级）、中级（四级）、高级（三级）、技师（二级）、高级技师（一级）的技能要求依次递进，高级别涵盖低级别的要求。

3.1　初级（五级）

职业功能	工作内容	技能要求	相关知识
1 线路基本作业	1.1 捣固	1.1.1 能使用机具进行捣固	1.1.1 捣固机具的使用知识
	1.2 线路拨道	1.2.1 能使用撬棍或液压起拨道器拨道 1.2.2 能看懂指挥手势	1.2.1 液压起拨道器的使用方法 1.2.2 撬棍的使用方法
2 钢轨作业	2.1 更换接头螺栓、夹板及涂油	2.1.1 能卸装夹板和螺栓 2.1.2 能除锈、涂油	2.1.1 夹板及接头螺栓的种类 2.1.2 夹板伤损标准 2.1.3 除锈、涂油作业流程和安全注意事项

续上表

职业功能	工作内容	技能要求	相关知识
3 轨下基础作业	3.1 更换扣件及扣件涂油	3.1.1 能拆装弹条及轨距块等部件 3.1.2 能更换、整正轨下弹性垫层	3.1.1 各类扣件的种类、规格、型号 3.1.2 各类扣件伤损标准 3.1.3 更换扣件作业流程和安全注意事项
	3.2 整修轨枕	3.2.1 能方正枕木 3.2.2 能捆扎、削平木枕	3.2.1 轨枕配置要求 3.2.2 方正枕木的技术要求 3.2.3 木枕捆扎、削平作业的技术要求
	3.3 道床及路基作业	3.3.1 能清筛和整理道床 3.3.2 能按路基断面尺寸标准整修路肩、清理侧沟	3.3.1 清筛道床的技术要求 3.3.2 整理道床的技术条件 3.3.3 路基及排水设备的作用
4 附属设备作业	4.1 安设、刷新线路标志	4.1.1 能埋设、安装线路标志 4.1.2 能刷新线路标志	4.1.1 线路标志埋设、安装要求 4.1.2 刷新标志知识

续上表

职业功能	工作内容	技能要求	相关知识
4 附属设备作业	4.2 车挡涂油及刷漆	4.2.1 能拆除和安装车挡螺栓 4.2.2 能对螺栓除锈、涂油 4.2.3 能对车挡刷漆	4.2.1 车挡的组装要求 4.2.2 车挡除锈、涂油、紧固的相关要求 4.2.3 车挡刷漆作业方法
5 检查作业	5.1 设备检查和分析	5.1.1 能用道尺量取线路、单开道岔及伸缩调节器轨距和水平 5.1.2 能够正确记录检查结果	5.1.1 线路、单开道岔及伸缩调节器轨距和水平检查的技术要求 5.1.2 检查记录的填写要求 5.1.3 轨道几何尺寸标准

3.2 中级(四级)

职业功能	工作内容	技能要求	相关知识
1 线路基本作业	1.1 起道	1.1.1 能确定起道长度和起道量 1.1.2 能进行起道作业	1.1.1 起道方法 1.1.2 起道撬的画撬方法 1.1.3 起道作业技术标准
	1.2 拨道	1.2.1 能确定拨道长度和拨道量 1.2.2. 能进行拨道作业	1.2.1 拨道方法 1.2.2 拨道撬的画撬方法 1.2.3 拨道作业技术标准

续上表

职业功能	工作内容	技能要求	相关知识
1 线路基本作业	1.3 改道	1.3.1 能进行线路改道作业 1.3.2 能进行道岔改道作业	1.3.1 确定标准股的方法 1.3.2 改道撬的画撬方法 1.3.3 改道作业技术标准
2 钢轨作业	2.1 整治接头病害	2.1.1 能检查接头病害 2.1.2 能整治钢轨接头病害	2.1.1 轨缝调整器和钢轨打磨机的使用方法 2.1.2 轨缝计算 2.1.3 钢轨打磨作业流程、安全注意事项和技术要求
	2.2 配轨	2.2.1 能确定钢轨类型及长度 2.2.2 能锯轨、钻孔	2.2.1 锯轨机和钻孔机的使用方法 2.2.2 钢轨使用技术条件 2.2.3 更换钢轨作业流程、安全注意事项和技术要求
	2.3 简易测量及读图	2.3.1 能用简易测量工具测量线路横断面 2.3.2 能看懂线路平面图、纵断面图	2.3.1 横断面测量基本要求 2.3.2 读图基本知识

续上表

职业功能	工作内容	技能要求	相关知识
3 轨下基础作业	3.1 更换扣件	3.1.1 能更换道岔铁垫板及板下弹性垫层	3.1.1 更换道岔铁垫板及板下弹性垫层技术要求
	3.2 更换和修理轨枕	3.2.1 能单根更换轨枕(岔枕) 3.2.2 能改锚螺旋道钉	3.2.1 轨枕伤损失效标准 3.2.2 轨枕使用要求 3.2.3 锚固技术条件 3.2.4 更换轨枕作业技术条件
4 附属设备作业	4.1 整修道口	4.1.1 能进行道口小补修 4.1.2 能处理道口病害(故障)	4.1.1 道口标准知识 4.1.2 道口病害(故障)处理办法
	4.2 整修轨道加强设备	4.2.1 能拆装、整修轨道加强设备	4.2.1 轨道加强设备技术要求
	4.3 整修防脱护轨	4.3.1 能拆装、整修防脱护轨	4.3.1 防脱护轨技术要求

续上表

职业功能	工作内容	技能要求	相关知识
5 检查作业及故障处理	5.1 检查设备	5.1.1 能检查线路及单开道岔并进行分析 5.1.2 能检查并判定钢轨、辙叉表面伤损程度 5.1.3 能判定失效轨枕 5.1.4 能按巡回图检查线路设备及小补修	5.1.1 钢轨、辙叉及连接零件伤损、失效标准 5.1.2 检查记录超限圈画方法
	5.2 判断故障	5.2.1 能判断断轨、胀轨跑道 5.2.2 能判断路基沉陷、落石等自然灾害对行车安全的危害程度	5.2.1 胀轨跑道的原因及预防知识
	5.3 处理故障	5.3.1 能应急进行防护处理	5.3.1 故障处理方法

3.3 高级(三级)

职业功能	工作内容	技能要求	专业相关知识
1 钢轨作业	1.1 成段调整轨缝	1.1.1 能测量计算轨缝及轨缝相错量 1.1.2 能制定调整方案并组织实施	1.1.1 成段调整轨缝的计算方法 1.1.2 成段调整轨缝作业流程和安全注意事项

续上表

职业功能	工作内容	技能要求	相关知识
1 钢轨作业	1.2 更换钢轨	1.2.1 能组织更换道岔尖轨、基本轨、辙叉及护轨(含桥上伸缩调节器) 1.2.2 能组织成段更换钢轨	1.2.1 更换道岔钢轨、成段更换钢轨技术要求 1.2.2 接头相错量计算方法 1.2.3 合理配轨的方法 1.2.4 曲线缩短轨和钢轨空、搭头的计算、配置方法 1.2.5 更换道岔钢轨、成段更换钢轨作业流程和安全注意事项
	1.3 矫直钢轨	1.3.1 能使用直轨器 1.3.2 能调整道岔基本轨弯折量 1.3.3 能对尖轨旁弯进行调整	1.3.1 道岔基本轨弯折计算方法 1.3.2 矫直钢轨的技术要求 1.3.3 矫直钢轨作业流程和安全注意事项
	1.4 维修道岔	1.4.1 能成组进行道岔起道、拨道 1.4.2 能整正道岔连接曲线 1.4.3 能整正各部尺寸并整治各类病害	1.4.1 道岔结构知识 1.4.2 道岔维修验收标准 1.4.3 道岔起道、拨道作业流程和安全注意事项

续上表

职业功能	工作内容	技能要求	相关知识
1 钢轨作业	1.5 整正曲线	1.5.1 能计算和调整曲线超高 1.5.2 能计算拨道量并整正 1.5.3 能分析曲线常见病害并整治	1.5.1 曲线计算和调整方法 1.5.2 曲线状态标准和维修要求 1.5.3 曲线拨道作业流程和安全注意事项
	1.6 整治接头病害	1.6.1 能对病害原因进行分析 1.6.2 能对病害进行综合整治	1.6.1 接头病害整治技术要求 1.6.2 接头病害作业流程和安全注意事项
2 轨下基础作业	2.1 更换和修理轨枕	2.1.1 能整修轨枕掉块、修复轨枕挡肩 2.1.2 能整修松动混凝土道床轨枕 2.1.3 能指导和监督无枕道床病害修复	2.1.1 轨枕病害判定、修复标准 2.1.2 轨枕整修流程和技术要求 2.1.3 轨枕加固工艺流程和技术标准 2.1.4 无枕道床预埋套管施工工艺及相关技术要求
3 附属设备作业	3.1 铺设整修道口	3.1.1 能铺设道口 3.1.2 能整修道口	3.1.1 道口铺设的技术要求 3.1.2 道口维修标准

续上表

职业功能	工作内容	技能要求	相关知识
4 检查作业及故障处理	4.1 检查设备	4.1.1 能检测线路及各类道岔设备，并进行病害分类 4.1.2 能进行无缝线路位移观测及分析 4.1.3 能对路基病害进行观测	4.1.1 无缝线路技术要求 4.1.2 轨检车检测资料分析知识，现场核查、整治病害的方法 4.1.3 线路、道岔质量评定标准和方法 4.1.4 道岔标准图及线路综合图的识图方法
	4.2 处理故障	4.2.1 能对线路断轨进行处理 4.2.2 能对线路胀轨跑道进行处理 4.2.3 能对事故或灾害地段线路组织抢修	4.2.1 自然灾害知识、气温与轨温相关知识 4.2.2 放行列车的条件 4.2.3 路基防护设施相关知识 4.2.4 卸料及料具堆放相关要求

3.4 技师(二级)

职业功能	工作内容	技能要求	专业相关知识
1 钢轨作业	1.1 无缝线路应力放散或调整	1.1.1 能计算放散量和锯轨量 1.1.2 能组织无缝线路应力放散和调整施工 1.1.3 能计算无缝线路应力放散时预留轨缝值	1.1.1 无缝线路应力放散和调整的知识 1.1.2 钢轨拉伸器的使用方法 1.1.3 放散量和锯轨量的计算 1.1.4 缓冲区预留轨缝值的计算
	1.2 铺设、更换单开道岔	1.2.1 能组装单开道岔 1.2.2 能确定道岔中心位置 1.2.3 能组织道岔铺设及道岔更换施工	1.2.1 道岔铺设技术要求 1.2.2 道岔施工方法及步骤
	1.3 线路测量及绘图	1.3.1 能高程测量 1.3.2 能角度测量 1.3.3 能绘制线路平、纵断面图	1.3.1 高程及角度测量知识 1.3.2 线路平、纵段面图绘制知识
2 轨下基础作业	2.1 整治道床病害	2.1.1 能指导和监督整体道床维修	2.1.1 整体道床下沉整修方法 2.1.2 整体道床翻浆整修方法 2.1.3 道床裂缝整修方法和标准

续上表

职业功能	工作内容	技能要求	相关知识
3 综合管理	3.1 生产管理	3.1.1 能编写施工组织设计方案并组织施工 3.1.2 能改进线路维修、施工工艺 3.1.3 能撰写技术总结	3.1.1 劳动、材料定额标准 3.1.2 线路抢修知识 3.1.3 线路维修、施工工艺 3.1.4 技术总结的内容和写作方法
	3.2 培训指导	3.2.1 能对初、中、高级线路工进行安全、技术培训 3.2.2 能编写培训讲义 3.2.3 能在作业中应用、推广新技术、新工艺、新材料、新设备	3.2.1 培训教学的基本方法 3.2.2 培训计划编制方法 3.2.3 线路新技术、新工艺、新材料、新设备有关知识

3.5 高级技师(一级)

职业功能	工作内容	技能要求	相关知识
1 钢轨作业	1.1 设置线路竖曲线	1.1.1 能定出各桩位置 1.1.2 能测轨顶标高和桩顶标高 1.1.3 能计算各桩处的纵距和竖曲线标高	1.1.1 设置竖曲线的技术条件

续上表

职业功能	工作内容	技能要求	相关知识
2 轨下基础作业	2.1 整治道床病害	2.1.1 能指导和监督减振道床维修	2.1.1 梯型轨枕维修标准 2.1.2 浮置板道床维修标准 2.1.3 减振垫维修标准 2.1.4 减振道床作业流程和安全注意事项
3 综合管理	3.1 事故处理	3.1.1 能分析线路故障及病害原因 3.1.2 能提出事故的线路抢修方案 3.1.3 能组织抢修施工	3.1.1 线路设备抢修知识
	3.2 生产管理	3.2.1 能成组铺设、更换各种道岔 3.2.2 能校正线路平、纵断面 3.2.3 能对线路设备疑难病害进行分析、处置和指导 3.2.4 能针对线路维修、施工技术难题，组织小型技术革新和技术攻关 3.2.5 能撰写技术论文	3.2.1 各种道岔铺设技术要求 3.2.2 线路平、纵断面校正知识 3.2.3 线路设计、设备结构知识 3.2.4 轮轨关系知识 3.2.5 线路维修、施工技术发展动态 3.2.6 技术论文的内容和写作方法

续上表

职业功能	工作内容	技能要求	相关知识
3 综合管理	3.3 培训指导	3.3.1 能对技师及以下线路工进行安全、技术培训及业务指导 3.3.2 能进行新技术、新工艺、新材料、新设备的应用培训	3.3.1 培训讲义的编写方法 3.3.2 计算机常用办公软件的使用方法 3.3.3 培训指导的要点、方法和注意事项

4 比 重 表

4.1 理论知识

项目		初级(%)	中级(%)	高级(%)	技师(%)	高级技师(%)
基本要求	职业道德	5	5	5	5	5
相关知识	基础知识	25	20	15	10	—
	线路基本作业	30	20	—	—	—
	钢轨作业	—	20	40	45	15
	轨下基础作业	30	15	—	—	—
	附属设备作业	10	10	5	—	—
	检查作业和故障处理	—	10	35	—	—
	综合管理	—	—	—	40	80
合计		100	100	100	100	100

4.2 技能操作

项目		初级(%)	中级(%)	高级(%)	技师(%)	高级技师(%)
技能要求	线路基本作业	45	25	—	—	—
	钢轨作业	—	30	50	50	20
	轨下基础作业	40	15	—	—	—
	附属设备作业	10	10	5	—	—
	检查作业和故障处理	5	20	45	—	—
	综合管理	—	—	—	50	80
合计		100	100	100	100	100

城市轨道交通(跨座式单轨)线路工职业技能标准

1 职业概况

1.1 职业名称

城市轨道交通(跨座式单轨)线路工。

1.2 职业定义

从事跨座式单轨线路设施检查、测量、维修的人员。

1.3 职业等级

本职业共设五个等级,分别为:初级(五级)、中级(四级)、高级(三级)、技师(二级)、高级技师(一级)。

1.4 职业环境

室内、外,高空,常温、高温。

1.5 职业能力特征

具有语言表达以及对事物的分析和判断能力;手指、手臂灵活,动作协调性好;有空间想象及一般计算能力;心理及身体素质良好,无职业禁忌症(恐高症、心脏病、高血压、癫痫症等);听力及辨色力正常,双眼矫正视力不低于5.0。

1.6 基本文化程度

高中毕业(或同等学历)。

1.7 培训要求

1.7.1 培训期限

全日制职业学校教育,根据其培养目标和教学计划确定。晋级培训期限:初级不少于300标准学时;中级不少于200标准学时;高级不少于180标准学时;技师不少于120标准学时;高级技师不少于60标准学时。

1.7.2 培训教师

培训初、中级的教师应具有本职业高级及以上职业资格证书或相关专业初级及以上专业技术职务任职资格;

培训高级的教师应具有本职业技师及以上职业资格证书或相关专业的中级及以上专业技术职务任职资格;

培训技师的教师应具有本职业高级技师职业资格证书或本专业的高级专业技术职务任职资格;

培训高级技师的教师应具有本职业高级技师职业资格证书2年及以上或本专业的高级专业技术职务任职资格2年及以上。

1.7.3 培训场地设备

满足教学需要的标准教室,技能培训基地、演练场或作业现场,有必要的设备、工具、量具、仪表、仪器等。

1.8 鉴定要求

1.8.1 适用对象

从事或准备从事本职业的人员。

1.8.2 申报条件

——初级(五级)

在本企业从事本职业工作,并具备以下条件之一者:

(1)经本职业初级(五级)正规培训达到规定标准学时数,并取得结业证书;

(2)本职业学徒期满;

(3)连续从事本职业工作 1 年及以上。

——中级(四级)

在本企业从事本职业工作,并具备以下条件之一者:

(1)取得本职业初级(五级)职业资格证书后,连续从事本职业工作满 3 年及以上,经本职业中级(四级)正规培训达到规定标准学时数,并取得结业证书;

(2)取得本职业初级(五级)职业资格证书后,连续从事本职业工作满 4 年及以上;

(3)具有本专业或相关专业中专及以上学历,在本职业连续工作满 1 年及以上;

(4)具有本专业或相关专业大专及以上学历;

(5)连续从事本职业工作 6 年及以上。

——高级(三级)

在本企业从事本职业工作,并具备以下条件之一者:

(1)取得本职业中级(四级)职业资格证书后,连续从事本职业工作满3年及以上,经本职业高级(三级)正规培训达到规定标准学时数,并取得结业证书;

(2)取得本职业中级(四级)职业资格证书后,连续从事本职业工作满4年及以上;

(3)具有本专业或相关专业本科及以上学历,在本职业连续工作满1年及以上;

(4)具有本专业或相关专业研究生及以上学历。

——技师(二级)

在本企业从事本职业工作,并具备以下条件之一者:

(1)取得本职业高级(三级)职业资格证书后,连续从事本职业工作满5年及以上,经本职业技师(二级)正规培训达到规定标准学时数,并取得结业证书;

(2)取得本职业高级(三级)职业资格证书后,连续从事本职业工作满6年及以上。

——高级技师(一级)

在本企业从事本职业工作,并具备以下条件之一者:

(1)取得本职业技师(二级)职业资格证书后,连续从事本职业工作满3年及以上,经本职业高级技师(一级)正规培训达到规定标准学时数,并取得结业证书;

(2)取得本职业技师(二级)职业资格证书后,连续从事本职业工作满4年及以上。

1.8.3 鉴定方式

分为理论知识考试和技能操作考核。理论知识考试采用闭卷笔试或上机考试的方式,技能操作考核采用现场实际操作方式。理论知识考试和技能操作考核均实行百分制，成绩皆达60分及以上者为合格。技师、高级技师还须进行综合评审。

1.8.4 考评人员与考生配比

理论知识考试中的监考人员与考生配比为1∶15，每个标准教室不少于2名监考人员；操作技能考核中的考评人员与考生配比为1∶5，且不少于3名考评人员。综合评审委员不少于5人。

1.8.5 鉴定时间

理论知识考试时间为90 min，技能操作考核时间按实际需要和考核项目确定，原则上不少于40 min，综合评审时间不少于45 min。

1.8.6 鉴定场所设备

理论知识考试在标准教室进行。技能操作考核在职业技能鉴定基地、演练场或作业现场进行，场地条件及工具、量具、仪表、仪器等应满足实际操作需求，同时符合环境保护、劳动保护、安全和消防等各项要求，可酌情配设辅助操作人员。

2　基本要求

2.1　职业道德

2.1.1 职业道德基本知识

(1)热爱祖国,热爱本职工作

(2)刻苦学习,钻研技术

(3)爱岗敬业,具有高度的责任心

(4)遵守纪律,文明生产

(5)尊师爱徒,严守岗位职责

2.1.2 职业守则

(1)遵守法律、法规和有关规定

(2)严格执行工作程序、工作规范、工作标准和安全操作规程

(3)工作认真负责,具有高度责任感和良好的团队合作精神

(4)爱护设备及工具、夹具、刀具、量具和仪器、仪表

(5)着装整洁,符合规定

(6)保持工作环境清洁有序,文明生产

2.2　基础知识

2.2.1 城市轨道交通概论相关知识

(1)城市轨道交通的产生与发展

(2)城市轨道交通的概念、分类

(3)城市轨道交通的优缺点

2.2.2 基础理论知识

(1)计算机基础知识

(2)机械制图、识图基础知识

(3)钳工基础知识

(4)测绘、测量基础知识

(5)轨道交通运营基础知识

(6)线路设施设备基础知识

(7)线路设施设备维修标准及要求

(8)线路巡检知识

(9)线路设施设备维护知识

(10)线路设施设备病害处置知识

2.2.3 仪表、工具的使用与维护知识

(1)线路设施检测仪器、仪表的使用与维护知识

(2)水平靠尺、测距仪的使用和保养知识

(3)线路线形测量、调整机具的使用和保养知识

(4)接缝板、垫片、螺栓安装常用工具的使用和保养知识

(5)轨道梁顶升液压机具的使用和保养知识

2.2.4 安全文明生产与环境保护知识

(1)《中华人民共和国安全生产法》相关知识

(2)《中华人民共和国环境保护法》相关知识

(3)《职业健康安全管理体系规范》相关知识

(4)安全操作与劳动保护知识

2.2.5 相关法律、法规和规章知识

(1)《中华人民共和国劳动法》相关知识

(2)《中华人员共和国合同法》相关知识

(3)《中华人民共和国消防法》相关知识

(4)《中华人民共和国职业病防治法》相关知识

(5)《跨座式单轨交通设计规范》GB 50458—2008 相关规定

(6)《跨座式单轨交通施工及验收规范》GB 50614—2010 相关规定

3 工作要求

本标准对初级（五级）、中级（四级）、高级（三级）、技师（二级）、高级技师（一级）的技能要求依次递进，高级别涵盖低级别的要求。

3.1 初级（五级）

职业功能	工作内容	技能要求	相关知识
1 安全防护	1.1 安全警示	1.1.1 能准确选用警示标志 1.1.2 能正确设置警示标志 1.1.3 能正确撤除警示标志	1.1.1 警示标志的选用 1.1.2 警示标志设置要求
	1.2 验电接地	1.2.1 能正确选用验电接地设备 1.2.2 能正确检查验电接地设备状态 1.2.3 能正确进行验电接地工作	1.2.1 验电器、接地线检查方法及标准 1.2.2 验电接地操作要求
2 检修准备	2.1 物资准备	2.1.1 能根据维修需要，正确选择所用的材料	2.1.1 常用的维护、维修材料属性

续上表

职业功能	工作内容	技能要求	相关知识
2 检修准备	2.2 作业令办理	2.2.1 能按作业令办理规定,正确办理作业令 2.2.2 能与调度管理人员进行沟通,提出作业需求	2.2.1 施工作业管理办法相关规定
3 线路检查	3.1 轨道梁及部分附属设施检查	3.1.1 能查出梁体走形面、导向面、稳定面、腹部、上下肋及底部存在的裂纹、破损、露筋等常见病害 3.1.2 能判断轨逢是否标准 3.1.3 能判断轨道梁是否抵触 3.1.4 能判断接缝板存在碰齿、锈蚀等常见病害 3.1.5 能测量接缝板错台值并正确判断其是否满足标准	3.1.1 PC轨道梁、RC轨道梁、钢轨道梁、连续梁基础知识及技术标准 3.1.2 各类轨道梁轨缝知识 3.1.3 接缝板基础知识及技术标准 3.1.4 接缝板安装标准
	3.2 盖梁、墩柱检查	3.2.1 能判断线路区间墩身有无明显的倾斜、开裂、裂纹、破损、露筋 3.2.2 能判断盖梁有无明显的裂纹裂缝、渗水、破损、露筋	3.2.1 盖梁基础知识及技术标准

续上表

职业功能	工作内容	技能要求	相关知识
3 线路检查	3.3 线上添乘巡检	3.3.1 能按规定添乘列车完成线上巡检工作 3.3.2 能判断线路异响、振动及列车打滑、摆动点位等常见问题	3.3.1 线上添乘巡检规定及流程
4 线路维修	4.1 接缝板螺栓松动处置	4.1.1 能对失效的接缝板螺栓进行有效紧固	4.1.1 接缝板及螺栓扭矩知识基础知识 4.1.2 手动扳手安全操作知识
	4.2 轨行区异物处置	4.2.1 能通过夜间巡检工作完成轨道梁面异物处置	4.2.1 夜间线路巡检规定 4.2.2 轨道梁梁面异物处置要求

3.2 中级(四级)

职业功能	工作内容	技能要求	相关知识
1 安全防护	1.1 警示标志设置、验电接地	1.1.1 能监护他人完成警示标志设置 1.1.2 能监护他人完成验电接地工作	1.1.1 警示标志设置要求 1.1.2 验电器、接地线检查方法及标准 1.1.3 验电接地操作要求

续上表

职业功能	工作内容	技能要求	相关知识
1 安全防护	1.2 通信联络	1.2.1 能通过对讲机等通信工具联系调度并指挥工作车进出车辆段和通过道岔区 1.2.2 能根据作业令进路指挥工作车完成作业	1.2.1 施工作业管理办法相关规定 1.2.2 通信器材使用方法 1.2.3 工作车过岔要求
2 检修准备	2.1 识图	2.1.1 能读懂线路平面、纵断面图 2.1.2 能读懂接缝板、支座设计图	2.1.1 识图基本知识 2.1.2 单轨线路基础知识
	2.2 物资准备	2.2.1 能准备线路设施维护、维修需要的工装、机具和量具 2.2.2 能对线路设施维护、维修工装和机具进行日常保养维护	2.2.1 单轨线路设施设备检修工具、量具种类、结构及保养方法
3 线路检查	3.1 铸钢支座及部分部件检查	3.1.1 能判断铸钢固定支座裂纹、锈蚀等常见病害 3.1.2 能判断铸钢活动支座裂纹、锈蚀等常见病害 3.1.3 能测量辊轴、铰轴间隙 3.1.4 能判断楔紧块安装是否标准	3.1.1 铸钢支座技术标准 3.1.2 铸钢固定、活动支座基础知识 3.1.3 铸钢固定、活动支座安装标准 3.1.4 楔紧块安装标准

续上表

职业功能	工作内容	技能要求	相关知识
3 线路检查	3.1 铸钢支座及部分部件检查	3.1.5 能判断锚杆异响、松动,防松螺母松动、紧固螺母松动等常见病害	3.1.5 支座锚杆安装标准
	3.2 线路部分附属设施检查	3.2.1 能判定橡胶板有无老化情况、钢板座焊缝是否牢固、螺栓有无脱落、松动、折断等常见病害 3.2.2 能判定检修通道钢格板变形、锁扣变形、开口销失效、钢构焊缝漏焊、脱焊等常见病害	3.2.1 防踏空填隙板安装标准 3.2.2 检修通道基础知识和安装标准
	3.3 测量计算	3.3.1 能使用钢尺、水平靠尺、线垂、高低墩等测量工具进行轨道梁梁宽、垂直度、线间距测量工作 3.3.2 能使用钢尺、水平靠尺、线垂、高低墩等测量工具进行直线段限界测量工作	3.3.1 轨道梁梁宽、垂直度、线间距技术参数 3.3.2 单轨线路限界标准 3.3.3 测量工具使用方法
4 线路维修	4.1 接缝板断裂、失效螺栓更换处置	4.1.1 能识别接缝板型号,检查螺栓扭矩、松动、锈蚀、缺损、折断、突出、毛刺	4.1.1 接缝板及螺栓扭矩知识基础知识

续上表

职业功能	工作内容	技能要求	相关知识
4 线路维修	4.1 接缝板断裂、失效螺栓更换处置	4.1.2 能进行锯、錾、钳、钻、攻套螺纹、弯曲、矫正等工作 4.1.3 能进行接缝板更换作业	4.1.2 手动、电动、液压扳手安全操作知识 4.1.3 单轨线路专业相关的钳工基础知识 4.1.4 接缝板安装标准及更换流程
	4.2 支座部分部件病害处置	4.2.1 能对松动的防松螺母或紧固螺母进行紧固处置 4.2.2 能对失效的楔紧块进行安装、更换 4.2.3 能对病害止脱板进行恢复	4.2.1 铸钢支座基础知识 4.2.2 手动、电动、液压扳手安全操作知识 4.2.3 铸钢支座及组件安装标准及处置流程

3.3 高级(三级)

职业功能	工作内容	技能要求	相关知识
1 检修准备	1.1 识图	1.1.1 能识别 PC 轨道梁工法指导书、结构图、钢筋配置图 1.1.2 能识别线路限界图 1.1.3 能识别线路区间结构及特殊结构图	1.1.1 识图基本知识 1.1.2 单轨线路设施设备知识

续上表

职业功能	工作内容	技能要求	相关知识
1 检修准备	1.2 物资准备	1.2.1 能根据线路设施抢险任务提出所需的工装、机具和量具清单 1.2.2 能提出抢险任务的材料清单	1.2.1 单轨线路专业设施设备检修工具、量具种类、结构及保养方法 1.2.2 单轨线路专业设施设备常用的维护维修材料
	1.3 作业令办理	1.3.1 能通过对讲机等通信工具联系调度并指挥工作车进出车辆段和通过道岔区 1.3.2 能根据作业令进路指挥工作车完成作业	1.3.1 施工作业管理办法相关规定 1.3.2 通信器材使用方法 1.3.3 工作车过岔要求
2 线路维修	2.1 限界处理及线形调整	2.1.1 能测量轨道梁梁宽、垂直度、线间距 2.1.2 能按线形调整方案参与完成线路局部及整体线形调整工作 2.1.3 能对侵限物体进行有效处置 2.1.4 能对接缝板错台超标、碰齿进行有效调整	2.1.1 单轨线路线形调整流程 2.1.2 单轨线路限界处理方法及流程 2.1.3 单轨线路验收相关标准 2.1.4 安全操作相关规定
	2.2 轨道梁及部分附属设施重大病害处置	2.2.1 能按锚杆更换方案参与完成锚杆更换工作	2.2.1 单轨线路锚杆更换流程 2.2.2 单轨线路梁晃整治流程

续上表

职业功能	工作内容	技能要求	相关知识
2 线路维修	2.2 轨道梁及部分附属设施重大病害处置	2.2.2 能按梁晃整治方案参与完成轨道梁晃动整治工作	2.2.3 安全操作相关规定 2.2.4 单轨线路验收相关标准
3 技术管理	3.1 支座及组件病害判定	3.1.1 能判定铸钢活动支座承压板缺失、穿销螺杆变形、辊轴抵触等重大病害 3.1.2 能判定铸钢固定支座铰轴松动、止脱板反装等重大病害 3.1.3 能判定锚固螺栓失效、断裂等病害 3.1.4 能记录病害,并参与病害整治	3.1.1 铸钢支座基础知识 3.1.2 铸钢支座安装标准 3.1.3 锚固螺母安装标准
	3.2 板座病害判定	3.2.1 能判定板座松动等病害 3.2.2 能记录病害,并参与病害整治	3.2.1 板座基础知识 3.2.2 板座安装标准
	3.3 测量计算	3.3.1 能使用测量工具完成特殊区域的限界测量工作 3.3.2 能对新安装的设施设备进行限界确认 3.3.3 能使用曲线加宽公式完成轨道梁超高、曲	3.3.1 测量工具使用方法 3.3.2 单轨线路限界标准 3.3.3 单轨线路限界测量知识

续上表

职业功能	工作内容	技能要求	相关知识
3 技术管理	3.3 测量计算	线加宽值计算 3.3.4 能使用测量工具完成局部线形测量工作 3.3.5 能使用测量工具完成整体线形测量工作 3.3.6 能使用公式完成曲线失高计算 3.3.7 能指挥配合人员完成测量作业	3.3.4 轨道梁轨逢、梁体垂直度、横坡超高、下摆与抗剪榫间隙标准 3.3.5 单轨线路线间距、曲线失高标准 3.3.6 单轨线路线形测量知识
4 培训指导	4.1 安全、业务培训	4.1.1 能对初、中级线路工进行基础安全、技术培训	4.1.1 培训教学的基本方法 4.1.2 培训计划编制方法 4.1.3 安全、技术知识
	4.2 技术总结编制	4.2.1 能撰写技术总结	4.2.1 跨座式轨道交通梁桥技术知识 4.2.2 技术总结写作方法

3.4　技师（二级）

职业功能	工作内容	技能要求	相关知识
1 生产管理	1.1 接口管理	1.1.1 能对相关接口专业的工作进行协调	1.1.1 轨道交通生产管理知识

续上表

职业功能	工作内容	技能要求	相关知识
1 生产管理	1.2 计划人员管理	1.2.1 能有效进行作业计划编排 1.2.2 能对生产人员进行合理的工作分配	1.2.1 轨道交通生产管理知识
2 技术管理	2.1 轨道梁、支座病害分析	2.1.1 能进行轨道梁抵触病害分析 2.1.2 能进行轨道梁梁体破损、裂纹等病害分析 2.1.3 能进行接缝板板座松动病害分析 2.1.4 能进行铸钢支座辊轴抵触病害分析 2.1.5 能进行铰轴松动病害分析 2.1.6 能进行铸钢支座上摆与下摆受力等病害分析	2.1.1 单轨线路轨道梁结构知识 2.1.2 单轨线路轨道梁制作工艺 2.1.3 单轨线路轨道梁架设安装知识 2.1.4 单轨线路铸钢支座安装工艺
	2.2 病害整治方案编制	2.2.1 能编制线路专业涉及的病害处置方案	2.2.1 跨座式单轨交通设计知识 2.2.2 跨座式单轨交通施工及验收知识 2.2.3 单轨交通线路设施结构原理
	2.3 应急抢险预案编制	2.3.1 能编制线路专业涉及的抢险工作应急预案	2.3.1 单轨交通线路安全操作规程

续上表

职业功能	工作内容	技能要求	相关知识
3 技改创新	3.1 工艺改进	3.1.1 能改进线路专业的维护、检修工艺 3.1.2 能对线路专业的工具、工装进行改进	3.1.1 单轨交通线路维护、检修工艺
	3.2 用具研发	3.2.1 能改进线路专业维护涉及的工具 3.2.2 能研制、发明线路专业维护涉及的工艺装备	3.2.1 钳工基础知识 3.2.2 跨座式轨道交通梁桥检修工艺
4 培训指导	4.1 培训材料编制	4.1.1 能编制线路专业高级及以下培训材料	4.1.1 培训材料编制基本方法
	4.2 培训教育	4.2.1 能对高级及以下线路工进行安全、业务培训 4.2.2 能指导高级及以下线路工使用新工艺、新技术、新材料	4.2.1 培训方法 4.2.2 相关专业知识 4.2.3 跨座式轨道交通梁桥新工艺、新技术、新材料相关知识

3.5 高级技师(一级)

职业功能	工作内容	技能要求	相关知识
1 生产管理	1.1 工作指导	1.1.1 能指导技师及以下线路工使用新工艺、新技术、新材料	1.1.1 跨座式轨道交通梁桥新工艺、新技术、新材料相关知识

续上表

职业功能	工作内容	技能要求	相关知识
1 生产管理	1.2 应急抢险	1.2.1 能组织抢险人员对抢险工作进行总结、分析	1.2.1 跨座式单轨交通设计知识 1.2.2《跨座式单轨交通施工及验收知识 1.2.3 单轨线路设施结构原理 1.2.4 单轨线路安全操作规程
2 技术管理	2.1 病害整治及其方案编制	2.1.1 能组织技术人员对线路专业涉及的病害进行深度分析 2.1.2 能对线路专业涉及的各种病害编制处置方案	2.1.1 跨座式单轨交通设计知识 2.1.2 跨座式单轨交通施工及验收知识 2.1.3 单轨线路设施结构原理 2.1.4 单轨线路安全操作规程
	2.2 应急抢险预案编制	2.2.1 能对线路专业涉及的抢险工作编制应急预案	2.2.1 单轨线路安全操作规程
3 技改创新	3.1 工艺改进	3.1.1 能组织技术人员对线路专业相关维护、检修工艺进行改进	3.1.1 单轨线路维护、检修工艺

续上表

职业功能	工作内容	技能要求	相关知识
3 技改创新	3.2 用具研发	3.2.1 能牵头完成线路专业维护、检修工作涉及的工艺装备研制	3.2.1 钳工基础知识 3.2.2 跨座式轨道交通梁桥检修工艺
4 培训指导	4.1 技术论文撰写	4.1.1 能撰写、发表线路专业涉及的技术论文	4.1.1 跨座式轨道交通梁桥技术知识 4.1.2 技术论文写作方法及要求
	4.2 培训材料及标准编制	4.2.1 能编制线路专业技师及以下培训材料 4.2.2 能牵头编制线路专业规章规程 4.2.3 能牵头编制线路专业作业指导书	4.2.1 培训材料编制基本方法 4.2.2 单轨线路基础知识 4.2.3 作业指导书编制内容和要求
	4.3 培训能力	4.3.1 能对技师及以下线路工进行安全、业务培训	4.3.1 培训方法 4.3.2 相关专业知识

4 比 重 表

4.1 理论知识

项目		初级（%）	中级（%）	高级（%）	技师（%）	高级技师（%）
基本要求	职业道德	15	10	5	—	—
	基础知识	15	10	10	—	—
相关知识	安全防护	15	15	15	—	—
	检修准备	15	15	20	—	—
	线路检查	20	25	—	—	—
	线路维修	20	25	—	—	—
	生产管理	—	—	—	20	20
	技术管理	—	—	25	30	20
	技改创新	—	—	—	25	30
	培训指导	—	—	25	25	30
合计		100	100	100	100	100

4.2 技能操作

项目		初级(%)	中级(%)	高级(%)	技师(%)	高级技师(%)
技能要求	安全防护	20	15	15	—	—
	检修准备	20	20	15	—	—
	线路检查	30	30	—	—	—
	线路维修	30	35	—	—	—
	生产管理	—	—	—	25	25
	技术管理	—	—	40	25	25
	技改创新	—	—	—	20	25
	培训指导	—	—	30	30	25
合计		100	100	100	100	100

城市轨道交通(有轨电车)线路工职业技能标准

1 职业概况

1.1 职业名称

城市轨道交通(有轨电车)线路工。

1.2 职业定义

从事城市轨道交通有轨电车线路设备施工、大修、维修及巡检的人员。

1.3 职业等级

本职业共设五个等级,分别为:初级(五级)、中级(四级)、高级(三级)、技师(二级)、高级技师(一级)。

1.4 职业环境条件

室外,常温。

1.5 职业能力特征

有获取、领会和理解外界信息的能力,有语言表达以及对事物的分析、推理和判断的能力;手指、手臂灵活,动作协调性好;有空间想象及一般计算能力;心理及身体素质较好,无职业禁忌症;听力及辨色力正常,两眼裸视力或矫正视力不低于5.0。

1.6 基本文化程度

高中毕业(或同等学历)。

1.7 培训要求

1.7.1 培训期限

全日制职业学校教育,根据其培养目标和教学计划确定。晋级培训期限:初级不少于300标准学时;中级不少于200标准学时;高级不少于180标准学时;技师不少于120标准学时;高级技师不少于80标准学时。

1.7.2 培训教师

培训初、中级的教师应具有本职业高级及以上职业资格证书或相关专业初级及以上专业技术职务任职资格;培训高级、技师的教师应具有本职业技师及以上职业资格证书或相关专业中级及以上专业技术职务任职资格;培训高级技师的教师应具有本职业高级技师职业资格证书2年及以上或相关专业高级专业技术职务任职资格,并具有丰富的维修组织、疑难故障分析和施工调试经验,掌握本专业有关前沿科技知识。

1.7.3 培训场地设备

满足教学需要的标准教室、技能培训基地、演练场或作业现场,有必要的设备、工具、量具、仪表等。

1.8 鉴定要求

1.8.1 适用对象

从事或准备从事本职业的人员。

1.8.2 申报条件

——初级(五级)

取得中等职业教育毕业证书。

——中级(四级)

在本企业从事本职业工作,并具备以下条件之一者:

(1)取得本职业初级(五级)职业资格证书1年及以上;

(2)取得高等职业教育毕业证书;

(3)具有高中及以上文化程度,且连续从事本职业工作2年及以上;

(4)取得相关职业(工种)初级(五级)职业资格证书,且连续从事本职业工作1年及以上。

——高级(三级)

在本企业从事本职业工作,并具备以下条件之一者:

(1)取得本职业中级(四级)职业资格证书2年及以上;

(2)取得高等教育毕业证书;

(3)取得高等职业教育毕业证书,且连续从事本职业工作3年及以上;

(4)取得相关职业(工种)中级(四级)职业资格证书2

年及以上，且连续从事本职业工作 3 年及以上。

——技师(二级)

在本企业从事本职业工作，并具备以下条件之一者：

(1)具有中等职业教育或高中以上学历，在本企业从事本职业工作，且取得本职业高级(三级)职业资格证书 3 年及以上；

(2)具有中等职业教育或高中以上学历，长期从事本职业工作，技术领先，具有突出的工作业绩，符合试点企业的破格申报条件，经本人申请、单位推荐，公示通过后，可破格申报技师(二级)。

——高级技师(一级)

在本企业从事本职业工作，并具备以下条件之一者：

(1)具有中等职业教育或高中及以上学历，在本企业从事本职业工作，且取得本职业技师(二级)职业资格证书 4 年及以上；

(2)具有中等职业教育或高中及以上学历，长期从事本职业工作，技术领先，具有突出的工作业绩，符合试点企业的破格申报条件，经本人申请、单位推荐，公示通过后，可破格申报高级技师(一级)。

1.8.3 鉴定方式

初、中、高级鉴定分为理论知识考试和操作技能考核两个部分。理论知识考试采用笔试或机考的方式，技能操作考核采用现场操作、模拟操作等方式。理论知识考试、技能操作考核均实行百分制，成绩皆达 60 分及以上者为合格。

技师、高级技师鉴定分为理论知识考试、技能操作考核和综合评审三个部分。理论知识考试和技能操作考核的方式与初、中、高级一致。综合评审采用业绩评价和论文答辩结合的方式进行。理论知识考试、技能操作考核及综合评审均实行百分制,成绩皆达 60 分及以上者为合格。

1.8.4 考评人员与考生配比

理论知识考试考评人员与考生配比为 1∶15,每个标准教室不少于 2 名考评人员。技能操作考核考评员与考生配比为 1∶5,且不少于 3 名考评员。综合评审委员人数为不少于 5 人的单数。

1.8.5 鉴定时间

理论知识考试时间不少于 60 min,技能操作考核时间按实际需要和考核项目确定,原则上不少于 30 min。

1.8.6 鉴定场所设备

理论知识考试在标准教室进行。技能操作考核在职业技能鉴定基地、演练场或作业现场进行。场地条件及工具、量具、仪表等应满足实际操作需要,可酌情配备辅助操作人员,符合环境保护、劳动保护、安全和消防等各项要求。

2　基本要求

2.1　职业道德

2.1.1 职业道德基本要求

2.1.2 职业守则

(1)爱岗敬业、忠于职守、钻研技术、勇于创新

(2)尽职尽责、爱护设备、吃苦耐劳、安全第一

(3)实事求是、严守纪律、服从命令、雷厉风行

(4)团结互助、刻苦学习、提高效率、保证质量

(5)文明礼貌、尊师爱徒、遵纪守法、文明生产

2.2　基本知识

2.2.1 有轨电车概论

(1)有轨电车规划、建设知识

(2)有轨电车线路知识

(3)有轨电车通信、信号知识

(4)有轨电车供电知识

(5)有轨电车车辆知识

(6)有轨电车行车组织和调度知识

(7)有轨电车车辆段设备及行车设备知识

(8)有轨电车限界知识

2.2.2 工器具的使用维护知识

(1)常用养路机械的性能和使用、维护保养知识

(2)道尺、支距尺的使用和保养知识

(3)捣固、拨道、起道、改道等常用工具的使用和保养知识

(4)螺栓涂油等作业常用工具的使用和保养知识

(5)起道机等液压机具的使用和保养知识

2.2.3 线路工基础知识

(1)看图、制图、测量等基本知识

(2)线路平、纵断面基本知识

(3)轨道结构、桥隧、路基基本知识

(4)线路作业基本知识

(5)标志设置知识

(6)养路机械基本知识

(7)电气化、轨道电路基本常识

(8)计算机基本操作知识

(9)安全防护基本知识

(10)安全用电常识

2.2.4 相关法律、法规知识

(1)《中华人民共和国安全生产法》相关知识

(2)《中华人民共和国环境保护法》相关知识

(3)《中华人民共和国消防法》相关知识

(4)《中华人民共和国道路交通安全法》相关知识

3 工作要求

本标准对初级(五级)、中级(四级)、高级(三级)、技师(二级)、高级技师(一级)的技能要求依次递进,高级别涵盖低级别的要求。

3.1 初级(五级)

职业功能	工作内容	技能要求	相关知识
1 安全防护	1.1 个人防护	1.1.1 能正确使用安全防护用品 1.1.2 能对安全防护用品进行检查 1.1.3 能配合进行应急救援	1.1.1 安全防护用品种类、作用及使用方法 1.1.2 安全防护用品检查方法 1.1.3 各类事故应急救援流程
	1.2 施工防护	1.2.1 能按要求设置警示标志 1.2.2 能规避施工作业风险	1.2.1 警示标志种类、作用及设置要求 1.2.2 各类施工作业中存在的风险源

续上表

职业功能	工作内容	技能要求	相关知识
2 基本线路作业	2.1 捣固	2.1.1 能使用捣固机具进行作业	2.1.1 汽油、机油配比操作 2.1.2 捣固机具操作方式 2.1.3 设备养护知识及简单故障处理
	2.2 线路拨道	2.2.1 能使用撬棍或液压起拨道器拨道 2.2.2 能看懂指挥手势	2.2.1 液压传动的工作原理 2.2.2 液压拨道器操作方式 2.2.3 液压拨道器养护知识 2.2.4 拨道作业流程及安全注意事项 2.2.5 撬棍的使用方法
3 钢轨作业	3.1 更换夹板与接头螺栓	3.1.1 能判断夹板与螺栓工作状态 3.1.2 能装卸夹板及螺栓	3.1.1 夹板及接头螺栓的种类及具体参数 3.1.2 夹板损伤的判断标准 3.1.3 装卸夹板与螺栓作业流程及注意事项

续上表

职业功能	工作内容	技能要求	相关知识
3 钢轨作业	3.2 钢轨、接头螺栓及夹板涂油	3.2.1 能进行除锈、涂油作业 3.2.2 能对除锈、涂油作业质量进行检查判断	3.2.1 除锈、涂油作业流程及注意事项 3.2.2 除锈、涂油作业验收标准
4 轨下基础作业	4.1 更换扣件及扣件涂油	4.1.1 能拆装弹条及轨距块等部件 4.1.2 能更换整正道床下弹性垫层	4.1.1 各类扣件的种类、型号、规格 4.1.2 各类扣件损伤判断标准 4.1.3 扣件除锈涂油作业及注意事项 4.1.4 作业验收标准
	4.2 道床及路基作业	4.2.1 能清筛整理道床 4.2.2 能按路基断面尺寸标准修整路肩，清理侧沟	4.2.1 碎石道床的断面尺寸 4.2.2 排水设施坡度要求 4.2.3 常见道床病害形式及原因 4.2.4 清筛整理道床作业流程及操作事项 4.2.5 作业验收标准

续上表

职业功能	工作内容	技能要求	相关知识
5 附属设备作业	5.1 安设、刷新线路标志	5.1.1 能埋设、安装线路标志 5.1.2 能刷新线路标志	5.1.1 线路标志种类 5.1.2 埋设安装要求 5.1.3 埋设、安装、刷新所需携带工器具及物料种类 5.1.4 作业流程及安全防护要求
	5.2 车挡涂油及刷漆	5.2.1 能拆卸和安装车挡螺栓 5.2.2 能对螺栓除锈、涂油 5.2.3 能对车挡刷漆	5.2.1 车挡的种类及特点 5.2.2 车挡的具体组装要求及具体性能参数 5.2.3 车挡除锈、涂油、紧固作业流程 5.2.4 车挡刷漆作业的重点事项 5.2.5 作业标准
6 检查作业	6.1 设备检查	6.1.1 能用道尺量取线路、道岔及伸缩调节器轨距和水平	6.1.1 道尺检查、校正及使用方法 6.1.2 线路、道岔基准股确认标准 6.1.3 轨距和水平检查的作业流程

续上表

职业功能	工作内容	技能要求	相关知识
6 检查作业	6.2 数据记录及分析	6.2.1 能正确记录检查结果并分析	6.2.1 检查记录的填写和超限圈划的方法 6.2.2 各设备的几何尺寸允许偏差管理值

3.2 中级(四级)

职业功能	工作内容	技能要求	相关知识
1 基本线路作业	1.1 起道、拨道	1.1.1 能确定作业范围和起道量、拨道量 1.1.2 能进行起道、拨道作业	1.1.1 起道、拨道的目的及需要进行作业的情况 1.1.2 起道撬、拨道撬的画撬方法 1.1.3 起道、拨道的作业流程及安全注意事项 1.1.4 相关技术标准
	1.2 改道	1.2.1 能进行线路改道作业	1.2.1 改道的目的及需要进行作业的情况 1.2.2 确定标准股的方法

续上表

职业功能	工作内容	技能要求	相关知识
1 基本线路作业	1.2 改道	1.2.2 能进行道岔改道作业	1.2.3 改道撬的画撬方法 1.2.4 改道作业作业流程及安全注意事项
2 钢轨作业	2.1 整治接头病害	2.1.1 能检查接头病害 2.1.2 能整治钢轨接头病害	2.1.1 钢轨接头的常见病害及原因 2.1.2 钢轨接头养护标准 2.1.3 轨缝调整器操作方式及注意事项 2.1.4 轨道打磨机操作方式及注意事项 2.1.5 轨缝计算
	2.2 配轨	2.2.1 能确定钢轨类型及长度 2.2.2 能锯轨、钻孔	2.2.1 各类型槽型轨及工字轨使用技术条件 2.2.2 锯轨机和钻孔机的使用方法 2.2.3 更换钢轨作业流程及安全注意事项

续上表

职业功能	工作内容	技能要求	相关知识
2 钢轨作业	2.3 简易测量及读图	2.3.1 能使用简易测量工具测量线路横、纵断面 2.3.2 能看懂线路平面图	2.3.1 水准仪、经纬仪、全站仪等设备的使用方法 2.3.2 测量数据的记录方式 2.3.3 读图的基本知识
3 轨下基础作业	3.1 更换铁垫板及板下弹性垫层	3.1.1 能更换道岔铁垫板及板下弹性垫层	3.1.1 道岔铁垫板及弹性垫层的尺寸 3.1.2 更换铁垫板及弹性垫层作业流程 3.1.3 与信号专业在施工中的配合事项
	3.2 更换和修理轨枕	3.2.1 能单根更换轨枕(岔枕) 3.2.2 能改锚螺旋道钉	3.2.1 轨枕损伤失效标准 3.2.2 轨枕使用要求 3.2.3 锚固技术条件 3.2.4 更换轨枕作业技术条件

续上表

职业功能	工作内容	技能要求	相关知识
3 轨下基础作业	3.3 整治道床病害	3.3.1 能整治翻浆冒泥等病害	3.3.1 常见道床病害形式及原因 3.3.2 整治各类道床病害作业流程 3.3.3 道床养护标准
4 附属设备作业	4.1 修整道口	4.1.1 能进行道口小修补 4.1.2 能处理道口病害及故障	4.1.1 车辆段及正线道口设置要求 4.1.2 道口设备设施种类及作用 4.1.3 橡胶、水泥、沥青等路面形式的道口病害及故障的处理办法
	4.2 修整轨道加强设备	4.2.1 能拆装、修整轨道加强设备	4.2.1 轨道加强设备种类 4.2.2 各轨道加强设备的技术要求 4.2.3 轨道加强设备的拆装、修整方式
	4.3 修整防脱护轨	4.3.1 能拆装、修整防脱护轨	4.3.1 设置防脱护轨的意义 4.3.2 防脱护轨的种类及形式 4.3.3 防脱护轨的拆装、修整方式

续上表

职业功能	工作内容	技能要求	相关知识
5 检查作业及故障处理	5.1 检查设备	5.1.1 能检查线路及单开道岔几何尺寸 5.1.2 能检查并判断钢轨、辙岔表面损伤程度 5.1.3 能检查并发现混凝土轨枕掉块、裂缝等病害 5.1.4 能按巡回图检查线路设备及小修补	5.1.1 道尺、支距尺、轨缝尺、靠尺等测量工器具的使用方式 5.1.2 混凝土轨枕的检查重点 5.1.3 线路设备故障的简单处理方式
	5.2 判断并处理故障	5.2.1 能判断线路及单开道岔几何尺寸是否超限 5.2.2 能判断钢轨轻伤、重伤、断轨 5.2.3 能判断失效轨枕 5.2.4 能判断是否发生胀轨跑道 5.2.5 能判断路基沉降等自然灾害对行车安全的灾害 5.2.6 能进行设备故障应急处理	5.2.1 轨道、道岔几何尺寸标准 5.2.2 线路及单开道岔几何尺寸超限的调整方法 5.2.3 钢轨轻伤、重伤、断轨判断标准、原因及临时、紧急、永久处理方法 5.2.4 混凝土轨枕失效标准、原因及应急处理 5.2.5 胀轨跑道的表现形式、原因及应急处理 5.2.6 路基沉降的表现形式、原因及应急处理

3.3 高级(三级)

职业功能	工作内容	技能要求	相关知识
1 钢轨作业	1.1 整治接头病害并成段调整轨缝	1.1.1 能对病害原因进行分类分析 1.1.2 能测量计算轨缝及轨缝相错量 1.1.3 能制定调整、整治方案并组织实施	1.1.1 常见接头病害的种类及原因 1.1.2 测量与计算轨缝的技术要求 1.1.3 接头病害的综合治理方式及作业方式 1.1.4 轨缝调整的技术要求及作业方式
	1.2 更换钢轨	1.2.1 能组织更换道岔尖轨、基本轨、辙岔及护轨(含桥上的伸缩调节器) 1.2.2 能组织成段更换钢轨 1.2.3 能根据接头相错量合理配轨 1.2.4 能计算配置曲线缩短轨和计算钢轨空、搭头	1.2.1 判定钢轨损伤的技术要求 1.2.2 钢轨挑选的技术要求 1.2.3 更换钢轨长度的技术要求 1.2.4 缩短轨计算的技术要求 1.2.5 更换缩短轨的技术要求
	1.3 矫直钢轨	1.3.1 能使用直轨器、平轨机矫直钢轨 1.3.2 能调整道岔基本弯折量 1.3.3 能对尖轨旁弯进行调整	1.3.1 矫直机器的操作要求 1.3.2 钢轨矫直的技术要求

续上表

职业功能	工作内容	技能要求	相关知识
1 钢轨作业	1.4 维修道岔	1.4.1 能成组进行道岔起道、拨道 1.4.2 能整正道岔连接曲线 1.4.3 能整正各部尺寸并整治各类病害	1.4.1 道岔结构知识 1.4.2 测量道岔几何尺寸的技术要求 1.4.3 道岔起道、拨道的技术要求
	1.5 整正曲线	1.5.1 能计算调整曲线超高 1.5.2 能计算拨道量并整正 1.5.3 能分析曲线常见病害并整治	1.5.1 曲线状态标准和维修要求 1.5.2 曲线正矢、超高的技术和计算要求 1.5.3 曲线起道、拨道的技术要求
2 附属设备作业	2.1 铺设道口	2.1.1 能组织进行铺设道口施工	2.1.1 各类型道口的技术要求 2.1.2 各类型道口施工作业流程及安全注意事项
	2.2 整修道口	2.2.1 能对破损道口进行整修	2.2.1 道口整修标准 2.2.2 道口整修作业流程及安全注意事项

续上表

职业功能	工作内容	技能要求	相关知识
3 检查作业及故障处理	3.1 检查设备	3.1.1 能检测线路及各类道岔设备,并进行病害分类 3.1.2 能进行无缝线路位移观测及分析 3.1.3 能进行线路、道岔质量评定 3.1.4 能看懂道岔标准图及线路综合图 3.1.5 能利用动态检查资料,现场核查病害并进行整治 3.1.6 能对路基病害进行观测	3.1.1 道尺、支距尺、轨缝尺、靠尺等测量工器具的使用方式 3.1.2 无缝线路位移桩的观测方式 3.1.3 线路、道岔质量评分标准 3.1.4 常见路基病害的表现形式及原因
	3.2 故障处理	3.2.1 能对线路断轨进行处理 3.2.2 能对线路胀轨跑道进行处理 3.2.3 能对事故或灾害地段线路组织抢修	3.2.1 自然灾害知识、气温与轨温相关知识 3.2.2 放行列车的条件 3.2.3 路基防护设施相关知识 3.2.4 卸料及料具堆放相关知识

3.4 技师(二级)

职业功能	工作内容	技能要求	相关知识
1 钢轨作业	1.1 无缝线路应力放散或调整	1.1.1 能计算放散量和锯轨量 1.1.2 能组织无缝线路应力放散和调整施工 1.1.3 能计算无缝线路应力放散时预留轨缝值	1.1.1 无缝线路应力放散和调整的知识 1.1.2 钢轨拉伸器的使用方法 1.1.3 放散量和锯轨量的计算 1.1.4 缓冲区预留轨缝值的计算
	1.2 铺设、更换单开道岔	1.2.1 能组装单开道岔 1.2.2 能确定道岔中心位置 1.2.3 能进行道岔铺设及道岔更换施工	1.2.1 道岔铺设技术要求 1.2.2 道岔施工方法及步骤
	1.3 线路测量及绘图	1.3.1 能进行高程测量 1.3.2 能进行角度测量 1.3.3 能绘制线路平面、纵断面图	1.3.1 高程和角度测量知识 1.3.2 线路平、纵断面图绘制知识
2 技术管理	2.1 生产管理	2.1.1 能编写施工组织设计方案并组织施工 2.1.2 能改进线路维修、施工工艺	2.1.1 劳动、材料定额标准 2.1.2 线路抢修知识 2.1.3 线路维修、施工工艺

续上表

职业功能	工作内容	技能要求	相关知识
2 技术管理	2.2 技术总结	2.2.1 能撰写技术总结	2.2.1 技术总结的内容和写作方法
3 培训指导	3.1 技术培训	3.1.1 能对初、中、高级线路工进行安全、技术培训 3.1.2 能编写培训讲义	3.1.1 培训教学的基本方法 3.1.2 培训计划编制方法
	3.2 专业指导	3.2.1 能对初、中、高级线路工进行安全技术指导 3.2.2 能在作业中应用、推广新技术、新工艺、新材料、新设备	3.2.1 线路新技术、新工艺、新材料、新设备有关知识

3.5　高级技师(一级)

职业功能	工作内容	技能要求	相关知识
1 钢轨作业	1.1 设置线路竖曲线	1.1.1 能定出各桩位置 1.1.2 能测轨顶标高和桩顶标高 1.1.3 能计算各桩处的纵距和竖曲线的标高	1.1.1 工程测量相关知识 1.1.2 设置线路竖曲线的技术条件
	1.2 铺设、更换单开道岔	1.2.1 能组装单开道岔 1.2.2 能确定道岔中心位置 1.2.3 能进行道岔铺设及道岔更换施工	1.2.1 道岔铺设技术要求 1.2.2 道岔施工方法及步骤

续上表

职业功能	工作内容	技能要求	相关知识
2 技术管理	2.1 故障分析处置	2.1.1 能分析线路故障及病害的原因 2.1.2 能提出事故的线路抢修方案 2.1.3 能组织故障抢修	2.1.1 线路故障及病害的成因 2.1.2 线路设备抢修知识 2.1.3 与相关专业配合作业的注意事项
	2.2 生产管理	2.2.1 能校正线路平、纵断面 2.2.2 能对线路设备疑难病害进行分析、处置和指导 2.2.3 能对线路维修、施工技术难题,组织小型技术革新和技术攻关 2.2.4 能撰写技术论文	2.2.1 线路平、纵断面校正知识 2.2.2 线路设计、设备结构知识 2.2.3 轨轮关系知识 2.2.4 线路维修、施工技术发展动态 2.2.5 技术论文的内容和写作方法
3 培训指导	3.1 技术培训	3.1.1 能对技师及以下线路工进行安全、技术培训 3.1.2 能进行新技术、新工艺、新材料、新设备的应用培训	3.1.1 培训讲义的编写方法 3.1.2 计算机常用办公软件的使用方法
	3.2 专业指导	3.2.1 能对技师及以下线路工进行业务技术指导	3.2.1 培训指导的要点、方法和注意事项

4 比重表

4.1 理论知识

项目		初级（%）	中级（%）	高级（%）	技师（%）	高级技师（%）
基本要求	职业道德	5	5	5	5	5
	基础知识	25	20	15	10	—
相关知识	安全防护	10	—	—	—	—
	线路基本作业	15	20	—	—	—
	钢轨作业	10	20	40	45	15
	轨下基础作业	15	15	—	—	—
	附属设备作业	10	10	5	—	—
	检查作业和故障处理	10	10	35	—	—
	技术管理	—	—	—	20	40
	培训指导	—	—	—	20	40
合计		100	100	100	100	100

4.2 技能操作

项目		初级（%）	中级（%）	高级（%）	技师（%）	高级技师（%）
技能要求	安全防护	10	—	—	—	—
	线路基本作业	40	25	—	—	—
	钢轨作业	10	30	50	50	20
	轨下基础作业	25	15	—	—	—
	附属设备作业	10	10	5	—	—
	检查作业和故障处理	5	20	45	—	—
	技术管理	—	—	—	25	40
	培训指导	—	—	—	25	40
合计		100	100	100	100	100